13歳からの アンガーマネジメント

ガマンしない　傷つけない　上手な気持ちの伝え方

一般社団法人 日本アンガーマネジメント協会 [監修]

松井晴香 [著]

合同出版

はじめに

　怒ることは好きですか。怒ることは得意ですか。では、怒りの伝え方を学んだことはありますか。

　この本を手に取ってくださった方の中には、自分の怒りの感情をどううまく表現していいかわからず持て余したり、友人と違う意見を言ったら嫌われるのではないかと悩んで、本当は嫌なことを言わずにガマンしている人もいるかもしれません。

　私もかつてはそうでした。中学生や高校生の時期には、家族や友人に言いたいことが言えなかったり、自分の感情をうまく言葉にできなかったり、自分の言った言葉が誰かを傷つけていたと後から気づいて自己嫌悪に陥ったりしていました。

　この本は「アンガーマネジメント」の考え方を基本に、怒りの上手な伝え方について書かれたものです。

　アンガーマネジメントとは、1970年代にアメリカで生まれた怒りの感情と上手に付き合うための心理トレーニングです。
　「怒らない」ことではなく、「怒る必要のあることは上手に伝えて、怒る必要のないことは怒らないようにする」ことを目指します。
　怒ること自体が嫌い、苦手だ、悪いことだと思っているあなたにこそ、アンガーマネジメントはぜひ身につけていただきたいスキルです。

　社会に出ると、これまで以上に自分とは違う考え方や価値観の人に出会うことが増えます。大人になったら精神的に成長してささいなことで怒らなくなるだろうと思うかもしれませんが、大人になってもイライラすることはあります。むしろ対人関係は複雑になり、トラブルも多様になっていきます。
　そして、部下や子どもができると怒らなければならない場面も増えてきます。

アンガーマネジメントは、スポーツや鉛筆の持ち方と同じで仕組みを理解し、トレーニングを繰り返すことで身についていきます。

新しい習慣は少しでも早くから取り組むと身につきやすいです。正しい鉛筆の持ち方を覚えるのにも、小さい頃に持ち方を覚えるほうが簡単ですよね。

怒り方も同じです。大人になる前に、今から上手な怒りの表現方法を身につけましょう。

あなたが上手な怒りの伝え方を身につければ、あなた自身の「言い過ぎてしまった」「言えなくてモヤモヤする」という後悔がなくなるだけでなく、あなたの周りにいる人にもいい影響があります。

何を伝えるか、どのように怒りを伝えるかは自分で決めることができます。

怒りを上手に伝えるための方法を学んでいきましょう。この本は13歳以上のすべての人を対象にしています。子どもたち自身が手にとるだけでなく、大人の方（お父さん、お母さん、学校の先生、社会教育のリーダーの方など、子どもと接点を持つ方々）が、この本を参考に子どもたちに怒りの感情を上手に伝える様子を見せていただけると幸いです。

あなたがこれからの人生で「怒りで後悔しない」ためのヒントになることを願っています。

アンガーマネジメントコンサルタント　松井晴香

もくじ

はじめに ……………………………………………… 3

第 1 章 うまく怒れない私たち

1　怒らない、叱らない人はいる？　………………… 8
2　自分の気持ちをごまかしていませんか？　……… 10
3　怒らないことはいいこと？　……………………… 12
　コラム1　伝えないとどうなるだろう　…………… 14

第 2 章 怒れないことのデメリット

4　嫌だと言わないと何度も同じことをされる　…… 16
5　友達や大事な人を守れない　……………………… 18
6　仕返しを考えてしまう　…………………………… 20
　コラム2　怒りを表現する言葉を増やそう　……… 22

第 3 章 怒りを理解する

7　人はなぜ怒るのか？　……………………………… 24
8　自分を怒らせるものの正体は？　………………… 26
9　怒りは自分の抱える感情や状態に影響を受ける　… 28
10　同じ出来事でも人によって気持ちは違う　……… 30
11　理由はないけどモヤモヤする　………………… 32
　コラム3　幸せ探し上手は怒り上手　……………… 34

第 4 章 怒りを上手に伝えるための準備

12　怒るときの3つのルール　……………………… 36
13　怒りの温度計　…………………………………… 38
14　「まあ許せること」と許せないことの境界線を見極める　………… 40
15　「まあ許せる」を広げるヒント──「べき」の違いを知る　……… 42
16　「まあ許せる」を広げるヒント──思い込みを取り払う　……… 44
17　「まあ許せる」を広げるヒント──前向きに考えてみる　……… 46
18　自分の行動で状況が変えられるか見極める　………… 48
19　自分にできることを探す　……………………… 50

20 関わること、関わらないことを決める ……………… 52
21 相手に伝える ………………………………………… 54
コラム4 ネット上のコミュニケーション ……………… 56

第5章 NGな伝え方

22 自分の機嫌で怒る基準を変えるのはNG ……………… 58
23 性格・人格の否定はNG …………………………… 60
24 「なぜ?」「どうして?」を繰り返すのはNG ………… 62
25 人前で怒るのはNG ………………………………… 64
26 過去を持ち出して怒るのはNG ……………………… 66
27 「絶対」「いつも」のオーバー表現はNG …………… 68
28 「ちゃんと」「きちんと」などあいまい言葉はNG ……… 70
29 口に出さず、空気を読んでもらうのはNG …………… 72
30 本人に変えられないことを指摘するのはNG ………… 74
31 カッとなって手や足が出るのはNG ………………… 76
コラム5 怒ることの目的 …………………………… 78

第6章 上手な怒りの伝え方

32 怒って好かれる人・嫌われる人の違いは? ………… 80
33 基準を決めて怒る …………………………………… 82
34 具体的にリクエストを伝える ……………………… 84
35 オーバーな表現をしない …………………………… 86
36 許せないことを伝える 嫌なことは嫌と伝える ……… 88
37 どうしてほしいかを伝える ………………………… 90
38 自分を主語にして気持ちを伝える ………………… 92
コラム6 怒られること・傷つくことが怖いあなたへ ……… 94

おわりに …………………………………………… 95
保護者、子どもに関わる大人のみなさまへ ……… 97
おすすめの本 ……………………………………… 100
アンガーマネジメントティーン講座 ……………… 101
著者紹介 …………………………………………… 102

第1章
うまく怒れない私たち

心の中でムカつくと思っても、

どうせ言っても仕方がないし……と自己完結しながら、

何度も同じようなことで

嫌な思いをしていないでしょうか。

怒らないことは大人っぽいし

穏やかでいい人のような印象があるかもしれませんが、

本当にそれでいいのでしょうか。

もしかしたらうまく怒れていないのかもしれません。

1 | 怒らない、叱らない人はいる?

今まで一度も怒ったことがないという人はいますか。反対に今まで一度も怒られたことがないという人はいますか。怒りは誰にでもある当たり前の感情です。

怒らない人はいない

　「怒る」とは、誰かを怒鳴ることだけではありません。言葉にはしなかったけれども心の中でイラッとしたりムカッとしたり、舌打ちをするのも怒りに含まれます。
　中には一度も怒ったことがないという方もいるかもしれませんが、それは自分が怒っていることに気がついていないだけかもしれません。
　どんなに穏やかそうに見える人にも怒りという感情はあります。感じた怒りを口に出すか、態度に出すか、顔に出すかのか・出さないのか、その違いだけです。

怒りについての誤解

「怒りなんてなくなればいいのに」とか「そんなに怒ってみっともない」という言葉を聞いたことがあるかもしれません。しかし怒りは人間にとって自然な感情なので、なくすことができません。

また、「怒りを抑えられない」や「生まれつき怒りっぽい性格だから…」と怒りはコントロールできないもののように言われることもありますが、これは誤解です。怒りはコントロールできます。

実は、怒り方は練習すれば上達するものです。このような誤解が生まれた原因の1つは、怒りについての教育を受けたことがないからです。怒ることは悪いことだと誤解されることも多く、大人たちは叱らないことをよいこととして暮らしてきました。大人は怒ることが少なくなった結果、どうやって自分の怒りを適切に表現すればいいのかわからないままになってしまいました。怒られる機会や上手に怒っている人に出会うことが減ったことも、同じような怒りに対する誤解の悪循環を加速させました。

怒りについて次のことを確認しましょう

- ☐ ①怒りは人間にとって自然な感情です。
- ☐ ②怒りのない人はいないし、怒りをなくすこともできません。
- ☐ ③怒ることは悪いことではないし、幼稚なことでもありません。
- ☐ ④怒りはコントロールできます。
- ☐ ⑤自分の中に怒りという気持ちがあることを認めましょう。
- ☐ ⑥怒りの伝え方は練習で上達します。

POINT!

怒りは人間にとって自然な感情。
怒らない人はいない。

2 | 自分の気持ちを ごまかしていませんか?

なんでも許せるというと、とても心が広くて器の大きい人のように思えます。本当に自分が納得しているのであれば問題はありませんが、自分の本音を言えないだけなら注意が必要です。

言葉は許しているけれど、心の中では許していない

　テスト前に友達にノートを貸してと言われたときに、本当は嫌なのに顔に出さずに「いいよいいよ〜それくらい」と言ったら、「優しいね」「心が広い」と周りから言われるかもしれません。

　しかし、長い目で見たときにそれは本当にいいことでしょうか。自分の気持ちにうそをついてしまうと、後から自分にモヤモヤしてしまうだけでなく、相手から「この人にはこれぐらい言っても大丈夫」と思われ、その後も同じように無理な頼みや嫌なことを言われたりエスカレートするかもしれません。人によって嫌だと感じることは違います。許せないと思うことは、言葉にして相手に伝える必要があります。

どうせ言っても変わらない、と伝えることを諦めている

「この人はこういう性格だから言っても変わらない。言ったら余計に事が大きくなるからやめておこう」と思って自分の気持ちを伝えることを最初から諦めてしまうことがあるかもしれません。

しかし、これも長い目で見るといいことばかりとは言えません。溜まりに溜まった小さな不満は、ある日大きな怒りとなって爆発してしまう可能性もあります。また自分の気持ちを曲げて、相手に合わせてしまった場合、後でどうしても許せない感情が湧いてきて、大きなトラブルにつながることもあります。

伝える前から、どうせ聞いてもらえないし、自分さえガマンすれば上手くいく…と諦めるのではなく、本当に許せないことは上手に伝える必要があります。

POINT!

本当に許せないことは上手に伝える。

3 | 怒らないことはいいこと?

「怒らない人」「感情の起伏が穏やか」というと、とても大人っぽくていいことのように感じます。しかし無理に穏やかなふりをし続けることは自分の不満を溜めることにもつながります。

怒りへのイメージを見直す

　これまで「怒っちゃダメ!」「怒ってはいけない」と周囲から言われて、怒ることや自分の気持ちを表すことに対してよくないイメージを持っていた人もいるかもしれません。

　「そんなことで怒るなんておかしいよ」と周囲から言われたことがある人もいるかもしれません。しかし、食べ物の好みが人によって違うように、好きなものも違えば許せないと感じることも違います。人によって怒ることが違うのは当然です。

　怒ることは決して悪いことではなく、自分や、自分の大切なものを守るために必要なときもあります。

怒らないことのデメリット

- ・自分の気持ちが伝わらない
- ・嫌なことがわかってもらえない
- ・嫌なことがエスカレートする
- ・こちらの真剣さが伝わらない
- ・やってほしいことがわかってもらえない

- ・モヤモヤが溜まる
- ・イライラして集中できない
- ・悪い状況が続く
- ・後悔する
- ・相手が気づくまで待つだけでつらい

WORK

① デメリットを考えてみよう

怒らないことであなたの日常生活にどんなデメリットがあるでしょうか。
上の枠内の考えを参考にして、書いてみましょう。

学校で

友達に

家族に

部活で

先生に

バイトで

POINT!

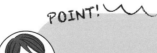

怒らないことでデメリットもある。

伝えないとどうなるだろう

　親しい人に、実は自分には言えない秘密があったと知ったとき、自分は信頼されていないと感じたり、寂しい気持ちになったりしませんか。

　怒っていることや許せないことを大切な相手に伝えずにガマンし続けるというのは、これに似ています。

　「今の友達関係を壊したくない」「大切だから相手を傷つけたくない」と考えて、本当は嫌なことを相手に伝えないままガマンしたことがある人もいると思います。

　「言うほどのことでもないからまあいいか」と思えることや、「それがその人だから」と納得できているならば問題ありません。

　しかし、長い期間かけて小さなモヤモヤが積み重なって、ある日相手に「実はずっとこういうところが嫌だったの」と打ち明けたとしましょう。

　相手は「知らなかった。ずっとそんなに傷つけていたの、気がつかなくてごめんね」と改善してくれ、さらに良好な関係になるかもしれません。

　一方で、相手がこんな風に思う可能性もあります。

　「私はずっと知らずにあの子に嫌なことをしてしまっていた」

　「なんでも話せる関係だと思っていたのに、あの子にとってはそうじゃなかった」

　「これくらいのことで友達関係が崩れると思ってる？　信頼されていないのかな」

　「他にも遠慮して、秘密にしていることがあるかもしれない」

　相手を傷つけないように、相手のことを思って伝えるのをガマンしていたことが、かえって相手を傷つけてしまうこともあります。大切な人にこそ、勇気を持って伝えることが必要な場面もあります。

　怒るというのは勝ち負けを決めたり、どちらが良いか悪いかを決めたり、ストレス発散のためにすることではありません。

　自分のしてほしいことや気持ちを伝え、相手のことを知り、より良い関係を築いていくために大切なコミュニケーションです。

　怒っている気持ちにふたをしてガマンすることは、自分だけでなく知らず知らずのうちに相手にもうそをついたり、傷つけることになりかねません。

　長く一緒にいたり、仲が良くて大切な人ほど、感情を押し殺し、本心を隠して付き合うのではなく、怒りを上手に表現してさらによい関係を作っていきましょう。

第2章
怒れないことの
デメリット

必要なときに怒らないと、

あなたにとって、相手にとって

どんなデメリットがあるのかを、

日常生活で起こることを通して考えてみましょう。

皆さん自身が

これまでに怒らなくて後悔したことや

同じような経験がないか思い出しながら

読んでください。

4 | 嫌だと言わないと 何度も同じことをされる

> スマホで撮った写真を友達に見せていたら、「見せて〜」と言いながら
> 私のスマホがひょいっと取られた。友達でも、見られたくない写真が
> ある。勝手に見るのはやめてほしい！

　本当は嫌だけど、ささいなことだからと言い出しにくいことはありますか。
　「こんなことでやめてって言ったら心が狭いって言われるかな」
　「また勝手に他の写真見てる…あの子はいつも見ていいよって言ってくれるから、私も同じようにしたほうがいいよね…」
　しかし、嫌なことは嫌と伝えないと、何度も同じことを繰り返されてしまいます。人によって好きなことが違うように、嫌なことは違います。悪気がない人ほど、相手が嫌がっていることや困っていることには気がつきにくいものです。
　何度も同じことをされて嫌なことは、きっぱり伝えましょう。

WORK

① 困っていることを書いてみよう

【例】

困っていること　　　　　　　　　　友達がスマホの写真フォルダを勝手に見る

本当はどうしてほしい？　　　　　　その写真以外見ないでほしい

なんて伝えてみる？　　　　　　　　他の写真は見ないでね

困っていること

本当はどうしてほしい？

なんて伝えてみる？

困っていること

本当はどうしてほしい？

なんて伝えてみる？

 第5章に取り組んだ後、上手な伝え方が
できているか確認してみましょう。

POINT!

 言葉にして伝えないと相手は気がつか
ないこともあります。
何度もされて嫌なことは伝えましょう。

5 | 友達や大事な人を守れない

クラスメイトが勘違いして僕の親友の悪口を言ってる。本当はそんな
ヤツじゃないのに…と思いながらソワソワしていたら、親友も近くで
聞いていた！？

　誰かが自分の大切な人のことを悪く言っているときに、「腹が立つ」と思いなが
らも、怒らずにやり過ごすことはありますか。
　もし、それを否定しなかったり、悪口を言っている人に口先だけでも「そうだ
ね～」と合わせているところを大切な人が知ったら、どう感じるでしょう。
　事なかれ、と思って怒らずにいたり、あいまいに相づちをうったりしていると、
知らないうちに大切な人を傷つけてしまうかもしれません。
　それだけでなく、あなた自身も同意していると誤解されて親友との関係が悪化
してしまったり、親友を傷つけてしまった良心の呵責に苛まれるかもしれません。
大切な人を守るためにも、ときには勇気をもって怒ることも必要です。

WORK ① あなたが大切にしたい、守りたいと思う人やものを書き出してみよう

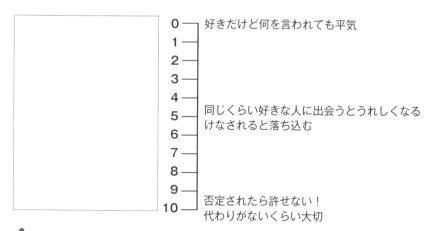

-
-
-
-
-
-
-
-

WORK ② ワーク1で書き出したものを、大切な順に並べてみよう

0 ── 好きだけど何を言われても平気
1
2
3
4
5 ── 同じくらい好きな人に出会うとうれしくなる
6 　　 けなされると落ち込む
7
8
9 ── 否定されたら許せない！
10 　　 代わりがないくらい大切

← 自分の中の優先順位が明確になります。

POINT!

大切な人が悪く言われているときに怒らずにスルーしていると、知らないうちに大切な人を傷つけているかもしれません。
大切な人を守るために、勇気をもって伝えましょう。

6 | 仕返しを考えてしまう

クラスメイトに大きな声でテストの点数をバラされた。クラス中に聞こえる声で言う必要ないじゃん。思い出すだけでムカつく！　あーもう！　次あいつの方が点数悪かったら絶対仕返ししてやる！！

　怒る必要があるときに怒れないと、ずっとモヤモヤが残るだけでなく、復讐や仕返しを考えてしまうこともあります。

　言うほどでもない、まあいいかと思えることならいいですが、言えなかったモヤモヤは長く引きずると、恨み、つらみ、怨恨などに形を変え、憎悪の念がどんどん大きくなってしまいます。

　マイナスな感情を長時間持続させたり、増幅させたりしないように、必要があればその場その場で怒りを伝えたり、怒りから思考を切り離す手段を考えましょう。

　あなたの大切な時間と情熱を、誰かを傷つけるためではなく、建設的な未来のために注いでいきましょう。

WORK ① 思い出しイライラを防ごう

　ふとした瞬間に嫌なことを思い出してイライラ、モヤモヤしてしまうときには、利き手と反対の手を使ってみましょう。

　歯磨きや体を洗っているときなど無意識にできる慣れた動作をしているときは、別のことを考えてしまいやすいタイミングです。

　そんなときは利き手と反対の手を使って意識を今に集中させましょう。

　利き手とは反対の手で消しゴムを使う、ブラシで髪を整える、スマホをいつもと反対の手で操作するだけでも、慣れない手元に意識が集中し、違うことを考えずにすみます。

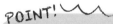 相手への復讐だけでなく、怒れない自分自身を責めてしまうことも問題です。内に溜め込んで自分の心や身体を傷つけないためにも、上手に伝えていくことが大切です。

POINT!

怒らずに無理やりガマンすると、怒りが増幅してしまう。
報復や復讐に進化する前に意識してやめよう。

怒りを表現する言葉を増やそう

ムカつく、うざい、キレる…。

怒りを表現するための言葉をどれくらい知っていますか。怒りを上手に伝えるためには、言葉をたくさん知っておくとよいですよ。

まだ言葉が話せない赤ちゃんは、大きな声で泣いたり、手足をバタバタさせて自分の思いを主張します。それと同じように、自分の気持ちが上手く言葉にできないと、無意識に私たちは大きな声や、必要以上に強い行動で自分の怒りを伝えようとします。

自分の怒りを上手に伝えるためには、表現するための言葉をたくさん習得しましょう。

例えば、「イラッとする」「うざい」「ムカつく」であれば、どの順で強い怒りだと感じますか。怒りを表現する言葉をたくさん使うことができれば、自分が怒っている程度を細かく表現することができます。そうすれば、必要以上に強い言葉を使って後悔したり、上手く言葉で伝えられなくて後悔することはなくしていけます。

絵を描くときに、たくさんの色を使ったほうがより詳細に描けるのと同じように、たくさんの言葉を使ったほうが、自分の気持ちをより詳細に表現できます。

自分の気持ちを上手に伝えていくために、たくさんの言葉を用意しておきましょう。

怒りを表す言葉の一例

ムカムカ／イライラ／カンカン／うざい／キレる／腹が立つ／頭にくる／はらわたが煮えくり返る／おこ／頭に血が上る／カチンとくる／目くじらを立てる／目を吊り上げる／毛を逆立てる／憤る／憤慨する／カンに障る／遺憾／激高／逆鱗に触れる／かんしゃくを起こす／怒髪天をつく／激怒する／爆発する／憎悪／業腹

上記の怒りを表す言葉を怒りの強さ順に並べてみましょう。

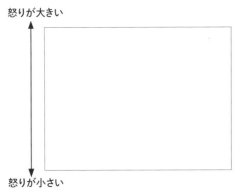

怒りが大きい

怒りが小さい

第3章
怒りを理解する

怒りという感情がなぜ生まれるのか、

私たちが社会生活を送るうえで、怒りという感情は

どんな役割をしているのか、

怒りについて一歩引いた視点から理解を深めましょう。

怒りの正体や機能を理解すれば、

どのように付き合っていけばよいか、

アンガーマネジメントの基本がわかってきます。

7 | 人はなぜ怒るのか?

人はなぜ怒るのか?　その理由がわかりますか。人はなんとなくやや

みくもに怒るわけではありません。怒りを感じるのには理由があります。

怒りは、人間にとってごくごく自然な感情です。

たとえどんなに穏やかそうに見える人でも、怒りを感じない人はいません。怒りをなくすこともできません。なぜなら、怒りは防衛感情ともいわれ、自分の大切なものを守る役割を持っているからです。

友情を守るため、家族を守るため、ルールを守るため、約束を守るため、大切にしている持ち物を守るため、自分の考え方や尊厳、価値観、身の安全を守るため…。

怒りは大切なものを守るための感情で、なくすことができないからこそ、上手に付き合っていく必要があります。

WORK ① 最近怒ったことを書いてみよう

　言葉にして相手に怒りを伝えたことだけでなく、イラッとしたけれど言葉や態度に出さなかったことも「怒る」に含まれます。心の中でイラッとしたことも書いてみましょう。

	出 来 事
【例】	テスト前なのにしつこく遊びに誘われた
1	
2	
3	
4	
5	

👉 怒ったことを言語化できると、怒りを上手に伝えられるようになります。

POINT!

怒りには自分の大切なものを守る役割がある。

8 | 自分を怒らせるものの正体は？

私たちを怒らせているものはなんでしょうか。あの人が嫌なことをしてきたせい？　こんな出来事があったせい？　もしくは別の何かが原因でしょうか。

　　怒っているときには自分は正しくて、自分以外の何かに原因があるはずだと考えがちです。でも、実は私たちを怒らせるものは私たち自身の中にあります。

　　その正体は、自分の中にある「べき」です。

　　校則は守るべきと考えている人は、校則違反をしている人を見ればイラッとしますし、どんなときもうそをつくべきではないと思っている人は、やさしいうそにもムカッとします。

　　自分がどんな「べき」を持っているのかがわかれば、どんなタイミングで怒るのかがわかります。また、自分の「べき」を知っておくことは、怒りを上手に伝えるためにもとても大切です。

WORK ① 最近怒った出来事から 自分の「べき」を探そう

	出　来　事	あなたの「べき」
【例】	テスト前なのにしつこく遊びに誘われた	テスト前は勉強するべき
1		
2		
3		

← 1つの出来事から複数の「べき」が見つかることもあります。

WORK ② 自分の「べき」を知ろう

あなたの持っている「べき」を書いてみましょう。

友達は「 べき」

家族は「 べき」

大人は「 べき」

部活は「 べき」

電車やバスの中では「 べき」

教師は「 べき」

　人によって「べき」は違います。また、同じ「べき」を持っていても、どの程度大事にしているかも違います。立場や環境が変われば「べき」も変わっていきます。

POINT!

私たちを怒らせるものの正体は自分の中にある「べき」。
自分の「べき」を知っていれば、
どんなことで怒るのか傾向がわかる。

9 怒りは自分の抱える感情や状態に影響を受ける

同じ電車が時間通りに来ないという出来事でも、大事な試験日の朝と、
試験が終わって家に帰るときでは、怒りの強さが変わるのはなぜでしょう。

同じ「べき」が裏切られても、いつでも同じ強さで怒るわけではありません。

絶対に遅刻できない大事な試験の日の朝と、試験が終わって家に帰るときでは、前者のほうが怒りは大きくなります。これは、テストに間に合うか心配や不安、寝不足や焦りといった、そのときの自分の心や体の状態が影響しているからです。

同じ「べき」が裏切られたときでも、マイナスな感情やマイナスな心身状態をたくさん抱えていればいるほど、怒りは大きくなります。

マイナスな感情やマイナスな状態をたくさん抱えているときは、小さなことでも強く怒りやすくなります。必要以上に強く言い過ぎて後悔しないように特に注意しましょう。

マイナスな感情：悲しい／つらい／心配
／不安／孤独感／焦り／苦しい／嫌だ／
罪悪感…

マイナスな状態：空腹／痛い／　眠い／
のどが渇いた／疲れた…

自分の怒りを、怒りのライターに
置き換えてみましょう。

詳細
炎：怒り
スイッチ：べき

ライター本体の
ガスの中：
つらい／悲しい／
疲れた／心配／
眠いなど

　怒りのメカニズムはライターに似ています。

　ライターのガスにあたるのが、マイナスな感情やマイナスな状態です。ガスが多ければ炎（怒り）も大きくなります。

　ガスが少なければ炎（怒り）は小さくなり、ガスがなければ「べき」が裏切られてイラッとしても、火花が散るだけで炎は上がりません。

WORK ① 怒った出来事から「べき」と心身の状態を考えよう

出来事	絶対に遅刻できない試験の日の朝、電車が遅れた
「べき」	電車は時刻表どおりに運行するべき
マイナスな感情	テストに間に合うか　不安、心配、焦り
マイナスな状態	昨夜も遅くまで勉強していたので　眠い 寝坊して朝ご飯を食べ損ねたので　空腹

出来事	
「べき」	べき
マイナスな感情	
マイナスな状態	

POINT!

怒りの大きさは、マイナスな感情や
マイナスな状態をどれくらい抱えている
かに影響を受ける。

10 | 同じ出来事でも
人によって気持ちは違う

**部活の先輩がいつも細かいことまで指示してくる。「偉そうでムカつく
よね」って友達に言ったら、「丁寧に教えてくれて優しい先輩だよ」っ
て言われた。なんでムカつかないの？**

　同じ出来事があっても、怒る人もいれば怒らない人もいます。この違いはなぜ
でしょうか。それには私たちの「べき」が関わっています。

　私たちは何か出来事があると自分の中にある「べき」をもとにその出来事に意
味づけをします。

第1段階	出来事

　　　　　　　　　　　　　⬇

第2段階	「べき」をもとに考える（考え方）

　　　　　　　　　　　　　⬇

第3段階	怒り

30 ページの例で考えてみましょう。

	私の考え	A さんの考え
第1段階 出来事	先輩に細かく注意された	
	↓	↓
第2段階 考え方	後輩に任せるべき	先輩は丁寧に教えるべき
	↓	↓
第3段階 怒り	細かいところまでネチネチ、ムカつく！	細かく教えてくれて優しい

　第1段階は私とAさんともに部活の途中で先輩に注意されたという出来事は同じです。

　私が「後輩に任せるべき」という「べき」を持っていると、第3段階で「どうしてこんなことまで注意されるの？　ムカつく」と怒りが生まれます。

　一方のAさんは第2段階で「先輩は後輩に丁寧に教えるべき」と考えたならどうでしょう。第3段階で怒りにはなりません。

　このように、出来事⇒怒るではなく、私たちは自分の「べき」をもとに、出来事の意味を考えて、怒るか怒らないかを自分で決めています。

POINT!

出来事に「べき」を使ってどう意味づけするかで、感情は変わる。

11 | 理由はないけど モヤモヤする

わーーー!!

最近なんだかモヤモヤして勉強にも集中できない。ささいなことが気になる…あーもうなんでこんなにイライラするんだろう！ リフレッシュする方法ないかな？

　怒りの大きさはマイナスな感情やマイナスな状態をどれだけ抱えているかに影響されると学びました（28ページ参照）。

　マイナスな感情やマイナスな状態でいっぱいになっているときには、いつもなら気にならないことでイライラしたり、勉強や部活に集中できなかったり、楽しいはずの時間も存分に楽しめなかったりします。

　このようなときは、必要以上に強く怒ってしまうので要注意です。

　理由はないけれど普段よりもイライラしていると気がついたら、健康的な方法で発散したり、何かに集中する時間を作って気持ちを切り替えましょう。

　マイナスな感情やマイナスな状態そのものを解決するのが難しいときには、その場でリフレッシュするのがおすすめです。

【溜め込まない方法1】　発散

・ストレッチ　　・走る　　・ジャンプ　　・歌を歌う

…など怒りのエネルギーを体を動かすなどして発散させます。

おすすめしない方法

〈愚痴を書きなぐる〉

× 英単語や漢字を覚えるように、記憶の定着につながります。
　愚痴を書いている間は怒りの中に身を置くことになり、冷静になれません。

〈紙を破く〉

▲ 破くことに集中して、気持ちを切り替えられるなら OK です。
　しかし、ムカつくムカつく!!　と怒ったことを考えながら破くことは、怒りを増幅させるので NG です。壁をなぐるなども同じです。

〈誰かに電話して話す〉

▲ 本当に仲のいい人に話して、共感してもらうことでマイナス感情を減らすのはOK。でも悪口や愚痴大会になると記憶の定着や記憶の改ざん（絶対●●って思ってたに決まってる!）につながることもあります。また、その間怒りの渦中に身を置くことになり、怒りの増幅につながることもあるので、おすすめはしません。

【溜め込まない方法 2】　集中

・ヨガ　・瞑想　・イラストを描く　・小物のデコレーションやコラージュ
・ぬりえ　・造形作成

…など何かに集中することで気分を変えます。

私のリフレッシュ方法

家で：

学校で：

通勤中・その他：

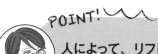

POINT!

人によって、リフレッシュ方法は違います。
自分に合う方法をたくさん見つけておきましょう。

幸せ探し上手は怒り上手

　ここまで怒りについて学んできていますが、上手に怒るためには、幸せ探しもポイントです。

　日々の生活の中で見つけた小さなラッキーやちょっとしたハッピーに目を向けられるようになると、さらに怒りと上手に付き合うことができるようになります。

　　小さな幸せとは…

　　　　通学路で一度も赤信号にならなかった。

　　　　購買が空いていた。

　　　　お気に入りのガムの最後の１つを買えた。

　　　　駅に着いたらちょうど乗りたい電車が来た。

　　　　校門の前で仲のいいクラスメイトに会えた。

　　　　お気に入りの漫画の発売日。

　　　　好きな人とすれ違えた…　などです。

　イライラすることや腹が立つことに気を取られて、小さな幸せを見過ごしていたり気づかないことがあります。

　「今日は何もいいことがなかった」「嫌なことばっかり」「本当についてない」と不満を募らせたり、自分を責めていると、物の見方もネガティブになり、怒りにつながります。

　小さな幸せを忘れないように、メモやノートにすぐに書き留めておきましょう。決まった書式はありませんが、怒りの温度計（38 ページ）と同じように出来事と 10 段階の温度（幸せ度最高が 10）を書くことがおすすめです。

　毎日の小さな幸せを書き留めておけば、つらいときやうまくいかないときに見返すこともできます。怒りのことについて考えたり学ぶことが少ししんどいときにも、ハッピーに目を向けてみてください。

　たくさんの幸せを見つけて、自己肯定感が高くなると、必要以上に強く怒りにくくなります。

ハッピーログ✳

4／2	限定チョコゲット	3点
4／3	親友とまた同じクラスになった	7点

第4章

怒りを上手に伝えるための準備

腹が立ったからといって

どんなささいな怒りも感じたまま口に出してしまっては

後悔につながります。

怒ったことについて、何を相手に伝えるか

選別が必要です。

ここでは伝えるための準備をしましょう。

12 | 怒るときの3つのルール

スポーツにルールがあるのと同じように、怒りを伝えるときにもルールがあります。 上手に怒るために、まずはこの3つのルールを覚えておきましょう。

やみくもに怒っても相手には伝わらないことも

怒ることは悪いことではないですが、どんな怒り方でもいいというわけではありません。

大声を出して怒鳴っても相手を威嚇するだけで、こちらの本当に伝えたいことは伝わりません。ずっと前のことを掘り返して怒っても相手には根に持つタイプだなと思われるだけです。怒ったからといって誰かを攻撃していいわけではないですし、暴力に訴えることも違います。相手に言いにくいからと言ってものに当たったところで、解決しません。

上手に怒るためには、次の3つのルールを守りながら自分の怒りを伝えましょう。

怒るときの 3 つのルール

人を傷つけない　自分を傷つけない　ものを壊さない

人を傷つける…　　悪口・嫌みを言う
　　　　　　　　　殴る・蹴る
　　　　　　　　　SNS 上で叩く（誹謗中傷する）
　　　　　　　　　無視する　など

自分を傷つける…　言い過ぎた / 上手に伝えられなかった自分を責める
　　　　　　　　　怒っていることを言わないようにぐっとガマンする
　　　　　　　　　イライラしたときに毛を抜いて気をそらす　など

　　　　　　　　　※自分を叩いたりすることだけでなく、自分の気持ちにうそをつ
　　　　　　　　　　いたり、自分の気持ちに気がつかないふりをすることや、自分
　　　　　　　　　　を責めたり否定することも、自分を傷つけることです。

ものを壊す…　　　ものを投げる
　　　　　　　　　床や壁を蹴る
　　　　　　　　　ドアやパソコンのキーを強く叩く　など

　　　　　　　　　＊壊れなくてもものにあたることを含みます。

POINT!

怒るときには3つの
ルールを守る。

13 怒りの温度計

放課後。早く部活に行こうと思ったのに、突然日直のAさんが「私今日急いでるから、日直の仕事を代わりにやっておいて！」とさっさと教室を出ていってしまった。私も急いでるのに！

　イラッとしたときに反射的に言い返すと、思わず言い過ぎて後悔したり、場合によっては相手が逆ギレしたり、ケンカになることもあります。上手に伝えるための準備として、イラッとしたときは反射せずにまず一度落ち着くことが大切です。

　諸説ありますが、人は怒りを感じてから長くても6秒やり過ごすと、理性が働きだします。反射をしないようにこの6秒の間に感じた怒りに10段階で点数をつけてみましょう。

　0がイラッとしていない穏やかな状態、10が人生最大の怒りです。点数の高い低いは問題ではなく、自分の怒りを客観的にとらえて、その間に冷静になる効果があります。点数を考えている6秒の間に、反射をしないことが大切です。

WORK
① 温度をつけてみよう

もしあなたにこんなことが起こったら…?

	出来事	怒りの温度
1	急いでいるときに、日直の仕事を押し付けられた。	／10
2	勉強しようと思ったときに 親に「早く勉強しなさい」と言われた。	／10
3	「いつも悩みなさそうだよね」と友人に言われた。	／10
4	スマホの充電ができていなかった。	／10
5	先生にクラスメイトの前でテストの点数を言われた。	／10

WORK
② 最近怒ったことに温度をつけてみよう

	出来事	怒りの温度
1		／10
2		／10
3		／10
4		／10
5		／10

POINT!

反射をしないために、イラッとするたびに怒りに
10段階で温度をつける
①温度を考えている間、反射的な言動を防ぐことができる。
②温度をつけることで、自分の怒りを客観的な数字で見ることが
　できる。

14 「まあ許せること」と許せないことの境界線を見極める

3日間だけという約束でクラスメイトにお気に入りのDVDを貸してから、もう一週間がたつ。そろそろ返してと言うと「あ、持ってくるの忘れた〜」って。せめて一言ぐらい謝ってよ……。

怒りの温度をつけて反射を防げたら、次は怒る必要があるかどうかを考えましょう。

上のイラストのように、貸したものを期限までに返してもらえなかったら、どんな事情でも絶対に許せないでしょうか。

例えば、「とっても面白かったからもう1日だけお願い！」と言われたら？

急な体調不良で休むことになったと当日に連絡があったら？

「ごめん！」と開口一番に謝られたら？　自分の「べき」が裏切られても、「まぁいいか」「こういう事情なら仕方ないか」と譲歩できることもあります。

自分の理想の「べき」とは少し違っても、どこまでだったら許容できて、どんなことは許せないか、境界線を見極めていきましょう。

WORK ① どこまでなら許せる？

理想	借りたものは約束の日までに返すべき
せめて してほしい こと	せめて　　「　　　　　　　　　　　　　　　　　　」 少なくとも「　　　　　　　　　　　　　　　　　　」 最低限　　「　　　　　　　　　　　　　　　　　　」 　　　　　「　　　　　　　　　　　　　　　　　　」 　　　　　「　　　　　　　　　　　　　　　　　　」

> ❗ 自分の「べき」とは違う考え方が理解できるようになると、まあい
> いかと思うことが増えます。自分とは違う考え方を理解するワークは
> （42 〜 47 ページ）で扱います。
> 無理に許したり、本当は嫌なことを諦めたりガマンする必要はあり
> ません。言わなくて後悔することは、伝えましょう。

理想	借りたものは約束の日までに返すべき
許せないこと	・ ・

POINT!

自分の「べき」と少しずれているけれど、どこまでなら
まあいいかと許せるか、許せないことはどこからかの境
界線を明確にしましょう。

15 | 「まあ許せる」を広げるヒント ——「べき」の違いを知る

友達と遊びに行こうと思ったら、親が「どこに行くの？」「誰と？」「何時に帰る？」「どうやって行くの？」と質問攻め！　もう小学生じゃないんだから放っておいてよ！

　学年が上がるにつれて行動範囲や交友関係も広がって、できることや自由になる範囲がどんどん増えます。家族には話したくないことが増えたと感じる人もいるでしょう。

　ときには、周りと比べて「子どものことをもっと信頼するべき」「ある程度自由にさせるべき」「家族であってもプライバシーは尊重するべき」と思って家族と対立する人もいるかもしれません。

　家族はどんな「べき」があって、質問をしてくるのでしょうか。相手の立場に立ってどんな「べき」を持っているか想像してみましょう。理由がわかれば、少し見方が変わるかもしれません。

① 自分の「べき」と家族の「べき」

自分の「べき」	家族の「べき」
・子どものことをもっと信頼するべき	・「 　　　　　　　　」べき
・ある程度自由にさせるべき	・「 　　　　　　　　」べき
・家族であってもプライバシーは尊重するべき	・「 　　　　　　　　」べき
・必要以上に干渉するべきじゃない	・「 　　　　　　　　」べき

　急に自分の「べき」を捨てて、相手の「べき」に合わせなければならないというものではありません。しかし、「○○と思っているのかもしれない」という想像でかまわないので、たくさん書いてみましょう。

　自分の持っている「べき」も大切にしながら、相手の「べき」も同じように尊重できれば、自分の考え方を広げるチャンスになります。

　相手の考えを想像し、「こう考えているのだな」と理解できれば、自分とは違うけれどこういう考え方もあるよね、と受け止められることが増えます。

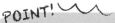

　相手の立場に立って、「べき」を想像してみよう。
「あの人は○○と思っているのかもしれない」と想像
できれば、自分の考え方が広がるチャンスです。

16 | 「まあ許せる」を広げるヒント
——思い込みを取り払う

友達のSNSを見ていたら昨日の体育祭で撮った写真がアップされている。よく見ると、友達はばっちり盛れているのに私は目が半開きになっている。最悪！

相手の何気ない言動で傷ついたり、怒りを感じることもあります。

そんなときに、「絶対わざとに違いない」「どうせ自分がよければいいんでしょ」と、相手が故意にしたと決めつけることはありませんか。

最初から決めつけて考えるくせがついていると、仕返しを考えたり、その後距離を置こうと考えたり、余計にこじれてしまいます。

もしかしたら相手に悪気はないのかもしれないと思い込みを取り払うことで、今までとは違ったものの見方や考え方ができます。

① 友達の考えを想像してみよう

　友達はどうしてこの写真をアップしたのでしょう。変顔の写真をアップする状況を考えてみよう。

【例】もしかしたら、友達は他の人の表情はあまり見ていなかったのかもしれない。

もしかしたら「　　　　　　　　　　　　」かもしれない

もしかしたら「　　　　　　　　　　　　」かもしれない

もしかしたら「　　　　　　　　　　　　」かもしれない

もしかしたら「　　　　　　　　　　　　」かもしれない

❗ ① 悪気があってもなくても、許せないと考えたときは怒りを伝えてOKです。
② 怒る前に、もしかして悪気はないのかも?　と一度考えてみることで、次の行動を変え（決めつけずに相手に質問するなど）事実を確認するヒントになります。
③「この写真を選んだのはどうして?」と相手に質問すると、相手の気持ちを確認することができます。

POINT!

最初から悪意があると決めつけるのではなく、悪気はないのかもしれないと考えることで、フラットな視点で出来事をとらえることができます。

17 ｜「まあ許せる」を広げるヒント ──前向きに考えてみる

次の試合に向けて、レギュラー発表の日。今回もきっとレギュラーだろうと思っていたのに、まさかのあいつとレギュラー交代！？ 俺のほうがうまいのに！

　レギュラー選抜された人やメンバーを決めた顧問に怒りを感じて、それが原因で部活をサボったり、選抜メンバーや顧問の陰口を言ったりするのは簡単です。この状況を別の角度からとらえて、あなた自身も、チームも成長する対処方法を考えてみましょう。予想外の出来事や期待はずれなことでも、とらえ方一つで今の状況の受け止め方を変えることができます。

　前向きに考えることができれば、今後状況を好転させるための行動も立てやすくなります。「ピンチはチャンス」という言葉がありますが、怒りを感じる状況は自分自身の成長につながる絶好の機会です。

WORK
① ケースから考えよう

レギュラーを外されたという出来事を、前向きに考える方法はある？

【例】

・今の部活にとって必要なポジションがわかった。

・チームの戦略が変わった。

・

・

　普段の自分の考えと違ってもかまいません。この出来事をチャンスととらえるとどうなるか考えて書いてみよう。まあ許せるや、仕方ないと思うヒントが見つかるだけで、問題を解決するための方法が見つかることもあります。

POINT!

怒りを感じる状況でも、前向きに考える方法が見つかれば、怒りを自分のモチベーションに変えていくことができます。

18 | 自分の行動で状況が変えられるか見極める

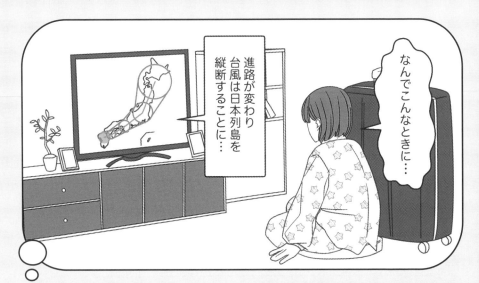

進路が変わり台風は日本列島を縦断することに…

なんでこんなときに…

今日から3日間、楽しみにしていた修学旅行。それなのに台風の進路が変わって日本列島直撃！ 新幹線も運休になったし、延期になりそう。なんでこんなときに限って台風が来るの！

　私たちが許せないと見極めたことの中には、自分がどう行動しても状況を変えようのないことがあります。天候や災害、新しい病気の発生などもその一つです。

　祈っても、願っても、呪っても変えることができないこともあります。

　自分ではどうしようもないということを受け入れられないと、ずっとイライラし続けることになってしまいます。自然を変えることはできませんが、自分のとらえ方を変えたり気を紛らわせることはできます。

　今、自分の力が及ばないことについては、目の前で起きている状況を受け入れ、そこから現実的にできることを探して、イライラを増幅させない行動を選んでいきましょう。

① 状況を変えられるか分けよう

WORK

　下の【状況】の中にあるものを見て、自分の行動次第で、状況を変えられるか変えられないかに分けましょう。

変えられる	変えられない

【状況】

天候／人身事故／天災／交通渋滞／信号／部活の先輩の性格が合わない／

好きじゃない時間割／じゃんけんで決めた掃除当番／体重／入試の結果／成績

② ケースから考えよう

WORK

　修学旅行に行くはずだった３日間をどう過ごしたいですか。

　そのために、あなたは何をしますか。

どう過ごしたいか：

そのためにあなたがすること：

POINT!

自分で状況を変えられないことについては、まずは一旦受け入れる。そのうえでどうしたいかを考えよう。

19 | 自分にできることを探す

最近SNSで炎上した匿名アカウント、なぜか周りから「あなたのアカウントでしょ」「なんであんなひどいこと書いたの？」と言われる。共通点は多そうだけど、まったく身に覚えがない！ なんで！？

　ネットを通じて誰もが気軽に全世界に向けて発信できるようになりました。SNSが普及するまではなかったトラブルや、誹謗中傷、なりすまし被害など新たな怒りも出てきています。「許せない」と思ったことに対して、あなた自身が何か行動することで、この状況を変えられるか、どうやっても状況は変えられなさそうか考えてみましょう。

　私たちは自分の行動で状況が変わるのに動かなければ自分にイライラし、反対にどう自分が頑張っても状況が変えられないことを受け入れられなければ周囲にイライラし続けます。自分の行動次第で状況が変わるのかを見極め、できることがあれば状況を変えるためにアクションを起こしてみましょう。

WORK ① できることを探そう

①ケースから考えよう

変えられること	変えられないこと
【例】友達の誤解を解く	【例】もとの書き込みを消す ・ ・ ・

困っていること、怒っていること	状況を変えるためにすること
炎上している匿名アカウントの書き込みを、自分がやったと誤解されている	【例】仲のいい友達に直接説明する ・ ・

②自分の怒りで考えよう

困っていること、怒っていること	状況を変えるためにすること
	・ ・ ・ ・

● SNS での注意点
SNS はとても便利ですが、アンガーマネジメントの点からも注意が必要です。文字だけでは相手に表情や言葉の細かなニュアンスが伝わりにくく、対面で話しているときには相手の表情やイントネーションといった非言語の情報も伝わりますが、文字情報がメインの SNS では誤解が起きやすくなります。ていねいな言葉を心がけましょう。

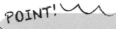

POINT!
怒りを感じている状況を変えるために、自分にできることを探そう。

20 | 関わること、関わらないことを決める

電車に乗ろうと駅のホームで並んでいたら、電車のドアが開いた瞬間に横から人が割り込んできた。あの人が割り込まなければ私が座れたのに！　こっちはちゃんと並んでいたのにムカつく！

　　列に割り込む人、赤信号で渡る人、ささいなことで怒鳴る客など、全く知らない人に怒りを感じることもあります。嫌だな、許せないと思うことが自分の目の前で起こることもありますが、ときと場合によっては関わることでトラブルに発展したり、面倒に巻き込まれる可能性があります。

　　電車に乗ることの本来の目的は、あくまで目的地に時間通りに到着すること。

　　割り込みを注意してトラブルになっては、本来の目的を達成することができません。

　　関わる必要がない、時間をかける価値がないと思うならば、スルーという選択肢もあります。

WORK
① 関わることを決めよう

> 【状況】
>
> 知らない人が電車内でポイ捨て／コンビニの列の割り込み／クラスメイトが授業
> 中に寝ている／後輩の言葉遣いが汚い／芸能人の不倫／家族の食事中のマナー

上の状況の中から、自分が関わろうと思うことと関わらないことに分けましょう。

関わる	関わらない

　このように書くと道徳的によくないものを見過ごしてよいのか、事なかれ主義になってしまうのではないかと心配になる人もいるでしょう。

　アンガーマネジメントはあくまで自分の怒りの感情と上手に付き合うための方法なので、道徳や倫理の立場とは必ずしも一致しません。

　そのため、アンガーマネジメント的には「腹は立つけれどあえて関わらない」という行動も、怒りで後悔しない選択の一つです。こういった例の多くは、自分の目の前でその出来事が起こっていなければ気にしないで済ませられます。関わらないことで、自分の本当に大切なことに時間やエネルギーを注ぐことができ、無駄にイライラしなくなるならば、怒りと上手に付き合えていると言えます。

　どちらが正解、不正解ではなく、迷ったときにはその時々であなたが後悔しない選択をしてください。

　あなたやその場にいる人たちが迷惑している行為や、被害に遭っている人を救うときには、すべてを自分だけで引き受ける必要はありません。あなたの手にあまるような場合は、店長に知らせる、駅員さんなどに通報する、携帯で警察に連絡するなど他の人に対応してもらいましょう。その際にはあなたの怒りを勇気に変えて、行動を選択していきましょう。

POINT!

許せないことでも、自分の手に負えない場合は、あえて関わらないという選択もあり。

21 | 相手に伝える

友達がレアな限定グッズを手に入れたらしく、「いいでしょ」と言いながら、私に見せびらかしてくる。私がずっと欲しくて手に入らなかったものなのに悔しい！

　嫌なことがあったとき、怒りの感情を「ほんとウザい」などそのままぶつけるよりも、相手に自分のしてほしいことを率直に伝えてみましょう。何度もされて嫌なこと、困ることでも、言葉にしないと伝わらないこともあります。

　大きな声で怒鳴ったり、嫌みを言ったりするのではなく、冷静に伝えてみましょう。相手に直接伝えることは悪いことではありません。

　言わずにガマンしたり、すねたり、察してくれるのをただ願うだけでは、素直な思いは伝わりません。伝えることで、「信頼して話してくれた」とより良好なコミュニケーションにもつながります。はじめは少し緊張したり恥ずかしいかもしれませんが、自分の言葉で伝えてみましょう。きっと新しい関係が築けますよ。

WORK ① グッズを見せてきたとき、あなたはどんな行動をとりますか?

今後に向けて 理想を言えばどうしてほしい?	理想を言えば ： ： 　　　　　　　　　　　してほしい
今後に向けて せめてどうしてほしい?	せめて ： ： 　　　　　　　　　　　してほしい
許せないのはどんなこと?	： ：
グッズを見た あなたの気持ちは?	： ： 　　　　　　　　　　　気持ち

 あなたの気持ちは 29 ページのマイナスな感情を参考に書いてみよう。

WORK ② ケースから考えよう

グッズを見せられたことが、許せないとしたら、どんな行動を選びますか。

自分ができることを探す どんなことをする?	伝える どんな言葉で言う?
受け入れる・ゆずる	関わらない
上記以外	

POINT!

怒っていることを相手に伝えてもいい。
上手な伝え方は第 5 章へ

ネット上のコミュニケーション

　SNS は一見誰が発信しているのかわからないため、強気な行動になりやすいという性質があります。必要以上に強く怒りを表したり、誰かを攻撃して後悔しないためにも、反射的に書きこまないことが大切です。

　また、SNS に発信される短い文からは言葉の裏にある「べき」や、その「べき」を持つに至るまでの事情や経緯までは伝わらないことも多く、お互いに自分の価値観の押し付け合いになりやすいです。

　友人や家族など、身近な人でも互いの「べき」をすべて理解できるわけではないのですから、ネットの向こうの知らない人ならなおさらです。画面の向こうには自分とは違う価値観を持つ人がいるということを覚えておきましょう。

　SNS は使う人の興味のあることが中心に表示されやすい傾向があります。そのため、自分と関心や価値観の近い投稿を目にすることも多く、居心地のよい空間を築くことができます。ですから、自分と違う価値観の投稿を目にしたときに拒絶反応が強くなりやすいです。あなたの SNS で見えているものは、あなたの興味・関心が中心で、それが世界のすべてではないことを自覚しておきましょう。

　芸能人や政治家などに不祥事があると、その人の SNS が炎上する様子を見たことがある人も多いでしょう。相手が社会的に許されないことをしたからといって、その人やその人に関わるものについてどんなことを発信してもよいわけではありません。

　SNS で発信する際には対面以上に言葉に注意が必要です。会話と違って即時のコミュニケーションが求められるものではないので、反射しないように自分で書いた文章を投稿する前に読み返しましょう。

　また、SNS の世界がすべてではありません。見てイライラしたりモヤモヤするのならば、SNS と距離を置くことも大切です。

　SNS は便利なツールですが、画面の向こうには人がいるということを忘れずに使用しましょう。

第5章
NG な伝え方

第4章までで、

イラッとしたことについて、冷静に気持ちを選別して、

相手に伝えるかどうかを考えてきました。

怒ると決めたことについては効果的な言葉を選んで

上手に伝えていく必要があります。

そのために第5章では、怒るときに気をつけたい、

やってはいけない怒り方について考えておきましょう。

22 | 自分の機嫌で
怒る基準を変えるのは NG

部室に行くと、部長が突然「部室散らかしすぎだよ！　私物置くのやめて！」と怒っている。昨日までと置いてあるものは同じなのに…今日はなんか機嫌悪そうだなあ。

　機嫌が悪いと、いつもなら気にならないささいなことが気になります。反対に機嫌がいいときは、いつもならば許せないことも「いいよ」と言ってしまいたくなります。

　しかし、機嫌で怒るか怒らないかを変えるのは NG です。なぜなら相手の人に本当にしてほしい「部室に私物を置かない」ということよりも、言った人の機嫌が悪いというばかりが伝わってしまうからです。

　また、チームの中で、機嫌で態度を変えている人がいると物事がスムーズに進みません。「今日は部長の機嫌が悪そうだから、相談事は明日にしよう…」など、周りが遠慮をするからです。このような心理がはたらくと、人間関係だけでなく別のトラブルに発展する可能性もあります。

WORK
❶ あなたならどうする?

Q1 あなたなら、このようにいつもは怒られないことで急に怒られたら
どう感じますか。

A1 _____　と思う

Q2 あなたなら、このようにいつもは怒られないことで急に怒られたら
どうしますか。

A2 _____　(する / 言う)。

Q3 このときの部長の「べき」はなんでしょう。

A3 _____　べき。

> 回答例 ｜ Q3の回答一例　部室はきれいにする「べき」、私物は片づける「べき」。

Q4 あなたがこの部長の立場なら、機嫌がいいときは

A4 　　(　　　怒る　　　/　　　怒らない　　　)

Q5 あなたがこの部長の立場なら、機嫌が悪いときは

A5 　　(　　　怒る　　　/　　　怒らない　　　)

> 回答例 ｜ Q4とQ5の回答が違う場合、機嫌で怒るか怒らないかが変わっています。
> 注意しましょう。

POINT!

NGな伝え方①
機嫌がいいときは怒らず、機嫌が悪いと怒るのはNG。
→基準を決める。

23 | 性格・人格の否定は NG

文化祭の準備で看板に色塗り中、注意していたのに絵の具が少しはみ出してしまった。すると、一緒に色塗りをしていたAさんに「ほんとガサツだよね」と言われた。

　怒りを伝えるときには、性格や人格を否定する言葉を使ってはいけません。なぜなら、性格や人格は容易に変えることができないからです。

　性格や人格を否定されると、「私なりに注意してたのに！」と反発を招いたり、「どんなに頑張ってもこの性格は変えられないし、頑張ってもどうせ"ガサツ"だから…」と相手はやる気をなくしてしまったり、ときには心を閉ざしてしまいます。

　また、相手から「あの人は私の行動じゃなく、性格でレッテルを貼っている」と思われてしまいます。

　見た目、性格・人格など、本人の努力で変えられないことに対して怒るのはNGです。

WORK ① あなたならどうする

Q1 あなたなら、このように性格や人格を否定されたらどう感じますか。

A1 _____ と思う

Q2 あなたなら、このように性格や人格を否定されたらどうしますか。

A2 _____ （する／言う）

Q3 あなたなら、Aさんに何と言われたらまだ受け入れやすいですか。

A3 _____

WORK ② 性格や人格を否定する言葉はどれ?

① 優柔不断だよね

② 短気だよね

③ おおざっぱだよね

④ 子どもっぽいよね

⑤ 小心者だよね

| 回答例 | ①〜⑤はすべて、性格や人格を否定する言葉です。 |

POINT!

NGな伝え方②
相手の人格や性格を否定するのはNG。

24 ｜「なぜ?」「どうして?」を 繰り返すのは NG

試合の最後、シュートミスをしたことで負けてしまった。試合後に「なんであんなミスしたの!!」と責められた。わざとじゃないのに!

　怒っているときに、「なぜ」「どうして」と相手を責める言葉がよく出てきます。因果関係が明確な計算問題のミスであれば、なぜミスしたか、どこをミスしたかをさかのぼって検証し、ミスをなくせば正解が出るかもしれません。

　しかし、感情は因果関係が明確ではありません。26 ～ 29 ページで見たように、人によって怒るかどうかが違うだけでなく、同じ人でもそのときの状態によって怒りの強さが違います。

　何度も「なぜ」と問いつめても原因がはっきりしないだけでなく、相手はまるで尋問されているかのように感じ、言い訳ばかり考えるようになります。怒りの感情について「なぜ」「どうして」と相手を責めても解決にはつながりません。

WORK
❶「なぜ」を繰り返すとどうなる?

なんであんなミスしたの?

踏み込みが甘かったからかな…

なぜ踏み込みが甘くなったの?

もしかしたら靴の紐(ひも)が緩かったのかも…

なんでちゃんと紐を結ばないの?

ちゃんと結んだつもりだったんだけど…

つもりじゃ困るんだけど!
なんでちゃんと確認しないの?

そんなに言われても、わかんないよ!
ちゃんと確認したつもりだったんだって!!

WORK
❷ ケースから考えよう

　チームメイトがミスしたときに、あなたなら「なぜ」「どうして」と言わず、どんな言葉をかけますか?

POINT!

NGな伝え方③
相手の原因を責めるのはNG。

25 | 人前で怒るのは NG

部活の備品発注をうっかり忘れていた！　部長に言ったら、みんなの前で怒られた。後輩もいるのに恥ずかしい。何もここで怒らなくてもいいじゃん。あーもう穴があったら入りたい！　早く終わって〜

　頭では仕方ないと思っていることでも、人前で怒られるのは気分のいいものではありません。知り合いがいるところだとなおさらです。

　人前で怒られると、怒られている人は何を考えているでしょうか。

　逃げ出したい！　穴があったら入りたい！　怒られている自分は周りからどう見えているだろう！　早く終われ！　というように、怒っている人の話はまるで頭に入っていません。ただ、すみません、もうしませんと繰り返すだけです。

　人前で強く叱責することは、当事者に恥をかかせ、人格を貶（おとし）めることになり、社会問題になっているパワハラにもつながります。本人にわかってもらうためには見せしめではなく1対1の話が必要です。

❶ 落ち着いて聞ける場所はどこ?

　あなたが怒られる場所として、落ち着くか落ち着かないかを考えましょう。

　部長が部員を怒るのに、適した場所を考えてみましょう。ここでのシーンはクラブ活動での備品発注ミスに怒る部長の例です。

落ち着く	落ち着かない

【場所】

教室の真ん中／教室のすみ／教室の前／職員室／部室／家族の前／友人の前／

廊下／下駄箱／みんなの輪から離れたところ／電車の中／公園／電話で／

メッセージやメールで

> **！ 言いづらいときはメッセージでもいい?**
> どうしても対面で伝えられない場合は電話やメッセージのやりとりも必要ですが、表情や声色からくみ取れる機微は案外多いものです。直接伝えられる状況なのに、顔を見ると気まずいから、言いにくいからと電話やメッセージに逃げるのではなく原則は対面で伝えましょう。
> そのほうがこちらの言いたいことも伝わりやすくなります。

POINT!

NGな伝え方④
人前で怒る→怒るときは1対1で。

26 | 過去を持ち出して 怒るのは NG

友達との待ち合わせ。「遅れてゴメン」と謝ると、「この前も遅刻したよね！ それでお店も混んだし、中1のときだって…」…ヒートアップして、昔話が始まった。うーん長くなりそうだな

何度も同じようなことで怒っていると、「あのときも」「このときも」「○年前だって」…と記憶をさかのぼって積年の恨みのように言いたくなることがあります。

しかし、昔のことを持ち出すのは NG。

なぜなら話があちらこちらに飛んで、今本当に伝えたいことが伝わらなくなってしまうからです。怒っている本人にとっては、同じことを言っているつもりでも、怒られている側は以前のことは忘れているかもしれません。

過去を持ち出す言葉が出てきたら要注意。「なんだか昔のこともいっぱい怒っていたけれど、結局何が言いたかったんだろう」「そんなに嫌ならもうやめよう」とならないように、今の怒りにフォーカスしましょう。

WORK ① 過去を持ち出す言葉を探してみよう

【例】前から言ってるけれど

　　　（　　　　　　　　　　　）同じことをしたよね。

　　　（　　　　　　　　　　　）言ったらわかるの。

　　　（　　　　　　　　　　　）わたし言ったよね。

　　　（　　　　　　　　　　　）3回目だよね。

❗「この前も…」「ずっと言いたかったけれど…」「あのときも…」「そういえば…」なども、過去を持ち出して怒るときに使われやすいキーワードです。

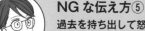

POINT!

NGな伝え方⑤
過去を持ち出して怒っても、今の問題を解決することにはならない。
今起きていることだけを取り上げて、どうしてもらいたいかを伝える。

27 | 「絶対」「いつも」の オーバー表現は NG

忘れたころに回ってくる掃除当番。すっかり忘れてた！ と一緒に当番の人に謝ったら「いっつも当番忘れてるよね！」と怒られた。確かに初めてじゃないけど、覚えてるときもあるんだけどなあ……

「絶対遅刻する」「いつも忘れ物している」など、回数や頻度が多いときに、オーバーな表現をよく聞きます。しかし、本当に100%の確率で遅刻しているでしょうか。よくよく考えてみたら週5回のうち遅刻は3回だけ、厳密に考えると1回くらいは忘れ物がない日もありませんでしたか。

これらの強い表現は、100回のうち1度も例外がないときにだけ、使うようにしましょう。

強調された言葉を使われると、怒られている人は「できている日もあるのに、見ててくれていない」としょげたり、やる気をなくしたり、「どうせ頑張っても見てくれていないでしょ」と心を閉ざしてしまうこともあります。

WORK ① 大げさな言葉を探してみよう

【例】　いつも

・

・

・

・

・

❗ 「絶対」「いつも」「必ず」「100%」「みんなも」などもオーバーな表現で怒るときに使われやすいキーワードです。

WORK ② ケースから考えよう

オーバーな表現を使わないで、相手に何と伝えればよいでしょう。

君は、絶対失敗するんだから

➡

君は、いつも成功した試しがない

➡

君は、毎回毎回努力をしないんだから

➡

POINT!

NGな伝え方⑥
「いつも」「絶対」など大げさな表現はNG。

28 「ちゃんと」「きちんと」など あいまい言葉は NG

うちの部活は挨拶や礼儀に結構厳しい。先輩からも言われたし、大きな声で「ざっす！！」って元気に挨拶したのに、「ちゃんと挨拶しろよ！」って怒られた。ちゃんとやったのになんで怒られる？

　何度も同じことで注意しても伝わらないときは、言葉選びを変えると伝わりやすくなることがあります。

　「ちゃんと挨拶をする」「しっかり確認する」「きっちり片づける」などは指導や指示の場面でよく使う言葉ですが、実はあいまいな表現なのです。

　「ちゃんと」とは具体的に何をどうすることでしょうか。

　怒る側と怒られる側で「ちゃんと」で思い描くイメージが違うと、怒った側からすると何度言っても伝わらない、怒られた側からするとちゃんとやったのに怒られるという現象が起きます。

　誰が聞いても同じ意味で伝わる言葉を選びましょう。

WORK ① ケースから考えよう

先輩の考え	後輩の考え
【例】おはようございます　の「す」まで崩さずに発音する	【例】相手に聞こえる大きな声で言う
・	・
・	・
・	・
・	・

WORK ② 人によって程度の違う言葉

ちゃんと挨拶をする　➡　目があったら頭を下げる

しっかり確認する　➡　二人以上で確認する

きっちり片づける　➡　床にものを置かない

> ＊単語だけでなく、「いいかげんにして」「意識変えて」「上級生の自覚持って」なども、人によって思い描く程度が違います。

　上の例のように人によって受けとめ方の違う言葉について、あなたの基準を具体的な言葉にしましょう。

①ちゃんと挨拶をする

②しっかり片づける

③早めに学校に来る

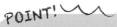

POINT!

NGな伝え方⑦
人によって受けとめ方の違う言葉はNG。
→誰が聞いてもわかる具体的な言葉を使う

29 | 口に出さず、
空気を読んでもらうのは NG

クラスメイトの A さんがすごくピリピリしている。ため息多いし、扉を閉める音も大きい。「どうしたの?」って聞いたら「ホント空気読んでよ」って言われたけれど、何のことか全然わからない!

　ものに当たっていたり、ため息が多かったり、動作が荒くなったり、何を言ってもケンカ口調で返事されたり…態度で怒っていることがわかる人もいます。

　しかし、怒っていそう、機嫌が悪そうだということはわかっても、どうしてほしいのかが全く伝わりません。朝から家族とケンカをしたから放っておいてほしいのか、昨日友達とモメた話を聞いてほしいのか、次の時間の教科書がなくて焦っているのか、誰かに何かされて謝ってほしいのか…。

　怒っているということは態度で示せても、だからどうしてほしいか、どうしてほしくないかは言葉にしなければ伝わりません。何に怒っていてどうしてほしいかを正確に伝えるためには、態度だけで空気を読んでもらおうとするのは NG です。

WORK ① 怒っている態度を探そう

口には出していないけれど、何か怒っているんだろうな、と感じる態度や仕草を書き出してみましょう。

【例】何度もため息をつく

・舌打ちをする

・誰だとわからないように「ムカつく」「ウザい」などと独り言を言う

・

・

 怒るときの3つのルール（37ページ）も参考に、周りの人の言動を観察してみよう。

POINT!

NGな伝え方⑧

態度だけで伝えようとするのはNG。
→怒りは言葉で伝える。言わないならば、怒りを手放せるように気持ちを切り替える。

30 | 本人に変えられないことを 指摘するのは NG

（占いが好きな）A は何かあるとすぐに血液型を引き合いに出してくる。
「ほんと B 型って自分勝手だよね」って言われたけど、血液型は変えよ
うがないし、血液型で決めつけるんじゃなく、私を見て判断してよ！

　血液型や出身地、その人の生まれ持った特徴など、本人の努力では変えようの
ないものを引き合いに出して怒ってはいけません。また、血液型と性格の関係に
ついては科学的な根拠はありません。たとえほめるつもりでも「B 型のくせに空
気読めるね」「男のくせによく気がつくよね」など属性を引き合いに出すことは
NG です。

　怒るときにこれらの属性や特徴を否定する言葉を使うと「どうせ○○だから」と
本人がやる気をなくしてしまいます。また、「あの人は表面的にしか人を評価しない」
と信頼をなくすことにもつながります。これが広まっていくとレッテル貼りの人、
ステレオタイプな評価しかしない人と思われ、あなたの評価が低くなります。

WORK ① 怒ってよいこと・よくないこと

怒ってよいこと、怒ってはいけないことを分けましょう。

怒ってよいこと	怒ってはいけないこと

【語群】

年齢／出来事／性別／結果／血液型／行動／出身地／性別／口ぐせ／

学歴（出身校）／家族構成／ふるまい／容姿／性格／人格

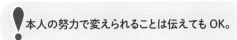 本人の努力で変えられることは伝えてもOK。

回答　怒ってはいけないこと：
年齢・性別・血液型・出身地・性別・学歴（出身校）・家族構成・容姿・性格・人格

POINT!

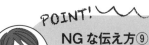

NGな伝え方⑨

人格・性格などを否定する。

→怒ってもよいことは、本人の努力で次回変えられること。

31 | カッとなって 手や足が出るのはNG

廊下で急に他のクラスの人が「ふざけんな！」と言いながら胸ぐらをつかんできた。周りが慌てて止めてくれたけど、よく話を聞いたら肩がぶつかってしまったらしい。それにしても言い方あるだろ！

言葉でうまく伝えられないとき、とっさに言葉が出ないとき、人は力で相手をねじ伏せようとします。衝動的な暴力は自分に後悔が残るだけでなく、相手を傷つけてしまいます。

冷静に話せば聞いてもらえることも、初手で暴力をふるってしまうと相手もエスカレートして、話がこじれやすくなります。暴力をふるっても相手にこちらの気持ちやしてほしいことは伝わらず、ただ痛みと恐怖が残るだけです。

身体的な暴力だけでなく、大声で怒鳴ることも同じです。「ふざけんな！」や「おいコラ！」と大声で叫んでも、怒っていることはわかっても、どうしてほしいのかは伝わりません。暴力や大声で相手を怖がらせる怒り方はNGです。

WORK ① 怒るときの3つのルールは覚えていますか。「」に書きましょう

「　　　　　　　　　　　」傷つけない	
「　　　　　　　　　　　」傷つけない	
「　　　　　　　　　　　」壊さない	

WORK ② 殴る・蹴る以外にどんなものが暴力にあたりますか

WORK ③ 怒鳴る以外の怒りの伝え方を探そう

＊置き換えた行動が、怒るときの3つのルール（37ページ）に合っているか確認しましょう。

POINT!

NGな伝え方⑩
あなたの怒りがたとえ正当でも、暴力に訴えることはNGです。

怒ることの目的

　皆さんは何のために怒りますか。もっと具体的に言えば、相手に怒りを伝える目的はなんでしょう。

　自分のストレス発散のため？　相手に勝つため？　相手が間違っていると認めさせるため？　どちらの力や立場が強いかわからせるため？　他の人が嫌な思いをしないため？　自分の気持ちをわかってもらうため？　八つ当たり？　理由はとくにない？

　怒ることの一番の目的は、自分のリクエストを相手に伝えることです。

　憂さ晴らしでも、人格否定でも、相手を悪者にすることでも、辱めることでも、ねじ伏せることでもありません。

　私たちを怒らせるものの正体は自分の中にある「べき」でした（26 ページ）。自分の「べき」とは少しずれていても「せめてこうしてほしい」という思いがありました。

　それこそが、リクエストです。

　あなたが怒っているときの言葉に、相手に対するリクエストはありましたか？

　「おい！」「こら！」「ウザい」「ありえない」「ちょっと！」これらのセリフには、リクエストは入っていません。

　皆さんの中に、帰宅時間が遅くなったときに家族から「今何時だと思っている！　どれほど心配したと思っている！」と怒られたことのある人はいないでしょうか。

　そのときにもし「今は 22 時半だね」と時間を答えたら、「そういうことを言っているんじゃない！」と余計に怒られます。

　「今何時だと思ってる！？」という一見質問にも見える言葉には、本当に伝えたい別の気持ちが隠れています。ここでの家族の伝えたいリクエストはこのような内容です。

　　　・心配だから〇時までに帰ってきなさい

　　　・遅れるようなら事前に連絡しなさい

　怒りを伝えるときに必要なのはリクエストです。大人も練習する必要がありますね。「いくら心配したと思っている！」という言葉にもリクエストはありません。

　気持ちを想像してもらうことがゴールであればこの言い方でも心配していた、という気持ちは伝わりますが、「次からどうすればいいか」は相手がくみ取ってくれることに任せるしかありません。

　相手に上手に怒りを伝えるためには、誤解なく効果的にリクエストが伝わる言葉選びが大切です。

第6章
上手な怒りの伝え方

どんな準備をして、どんなタイミングで、

どんなことに注意して怒れば、

こちらのリクエストが相手に伝わるのでしょうか。

あなたのリクエストは具体的か、

あなたの怒る基準は明確か、

威圧しない言葉や表現を選べているか。

後悔しない上手な伝え方をしていきましょう。

32 | 怒って好かれる人・嫌われる人 の違いは？

すみませんでした!!

休むのはいいけど せめて連絡はしないとダメだよ

うちの部長はダメなことはダメって怒る人。嫌みじゃなくストレートに言ってくれるからこっちも聞きやすいし、言ってることがブレないから、怒られても仕方ないな、って納得できる。

「あの人にあのときに怒られてよかった」「これなら怒られても仕方がない」と納得できることもあります。その違いはなんでしょう。

怒ったときに他の人が受け入れやすい伝え方のポイントは3つです。

①嫌みっぽい言い方や遠回しな言い方ではなく、素直に簡潔に伝えられる。

②「これやらないとこっちが迷惑するんだけど」など自分の見栄や立場のために怒るのではなく、相手のために怒る。

③相手との関係や自分の機嫌で怒り方を変えるのではなく、怒る基準が明確。怒ったからといって嫌われるばかりではありません。上手な怒り方をすれば、相手の納得につながりやすく感謝されることもあります。

WORK ① 怒られてよかった経験

あなたがこれまで誰かに怒られたことの中で、「怒ってもらえてよかった」と感じたことはありますか。そのときのことを書いてみましょう。

誰に怒られた？	
どんな風に怒られた？	
あなたはどう感じた？	
どうして「怒ってもらってよかった」と思った？	

POINT!

上手な伝え方①
怒って好かれる人は素直で、相手のために
怒る。基準も明確。

33 | 基準を決めて怒る

部室が散らかっているのを部長に怒られたけど、そのときに部室をきれいにしておく意味と掃除する場所の優先順位を明確に指示してくれた。怒られても納得できた。下校時までに掃除しようとみんながまとまった。

上手に伝えるためには、機嫌ではなく、基準で怒ることが大切です。

いつでもどこでも誰にでも、また、自分の機嫌や体調が良かろうと悪かろうと、同じ基準で怒ります。

そうすることで、怒られた人の納得性も高くなり、怒られた人が何か行動や改善した結果、基準がクリアできているかできていないかの判断も明確になります。

基準で怒ることで、相手の人にしてほしいこと、してほしくないことが伝わる怒り方が重要です。

WORK 1 ケースから考えよう

部長の言葉から、下記の語群は部長の考える「部室はきれいであるべき」はどこのゾーンに当てはまるか考えよう。

個人ロッカーの中がパンパンだったり、ゴミ箱の中のゴミ捨てや床の掃き掃除ができていないのはまだ許せる。でも、テーブルの上だけは今日中に片づけて。ロッカーの中の整理は余力があるときでいいよ。

理想の状態	
まあ許せる	

・・・・・・・・・・・・・・・・・怒るか怒らないかの境界線・・・・・・・・・・・・・・・・・

許せない	

①床にゴミが落ちている	④ゴミ箱にゴミがパンパン
②ロッカーの中に押し込んでいる	⑤テーブルの上にマンガが積んである
③ロッカーの中が整理整頓されている	⑥空缶が転がっている

WORK 2 あなたが考える「部室はきれいであるべき」はどのような状態か考えましょう

理想の状態	
まあ許せる	

・・・・・・・・・・・・・・・・・怒るか怒らないかの境界線・・・・・・・・・・・・・・・・・

許せない	

WORK1の回答
理想の状態：③
まあ許せる：①、②、④、⑥
許せない：⑤

POINT!
上手な伝え方②
基準で怒る。

34 | 具体的に リクエストを伝える

うちの部活は礼儀も大事にしている。「ざっす！！」と大きな声で後輩が挨拶したけれど、部長は「声だけじゃダメだ。お辞儀も忘れずにな」と注意していた。

「ちゃんと」「しっかり」など、人によって受けとり方が違います。誰にも伝わる言葉でリクエストします。

- ・ちゃんと片づける　⇒　中身を入れて扉まで閉める
- ・しっかり見る　　　⇒　3度確認する
- ・きっちりした服装　⇒　シャツの第一ボタンまで留める
- ・はっきり書く　　　⇒　ボールペンじゃなく油性ペンで書く
- ・早く集まる　　　　⇒　5分前までに集まる

のように、誰が聞いてもすぐに再現できるような具体的な言葉で伝えましょう。

WORK ① ケースから考えよう

あなたの考えるちゃんとした挨拶は？

	目線は	声の大きさは	言葉は	視線は	その他
理想					
まあ許せる					
許せない					

❗ 4W 1H（いつ、誰が、どこで、何を、どのように）を伝えると、具体的になります。

WORK ② 具体的に言い換えよう

【例文】　ちゃんと掃除して

理想の状態	
まあ許せる	

・・・・・・・・・・・・・・・・・・・・怒るか怒らないかの境界線・・・・・・・・・・・・・・・・・・・・

許せない	

POINT!

上手な伝え方③
具体的な言葉で伝える。

35 | オーバーな表現をしない

また掃除当番を忘れていた。一緒に当番になった子が「3回目だよ。忘れないように、次の予定をカレンダーに書いておくといいよ」と忠告してくれた。

　注意力や記憶力は人それぞれ違います。配慮が必要な人もいますし、わざとでなくてもうっかりが続いてしまうこともあります。絶対、いつも、必ずなど強い表現を使ってしまうと、相手は「いつもじゃないし」と反発したり、「次もまた絶対忘れるに決まっている」と言えば、「勝手に決めつけないで」とやる気をなくしてしまうかもしれません。

　過去の失敗だけを取り上げたり、怒っていない悪い未来を決めつけるようなオーバーな表現をせず、今に焦点をあてて、具体的な表現で伝えましょう。

WORK ❶ 自分の言い方を自覚しよう

あなたがいつも怒りを感じるのはどんなことですか。

_____

_____

そのことを相手に伝えるとしたら、何と言いますか。

_____

_____

WORK ❷ 適切な表現で伝えよう

あなたが怒りを感じることを適切な表現で相手に伝えるとしたら、何と言いますか。

_____

_____

❗ 「絶対」「いつも」「必ず」「100%」「みんなも」などもオーバーな表現で怒るときに使われやすいキーワードです。

POINT!

上手な伝え方④
オーバーな表現を使わない。

36 | 許せないことを伝える
嫌なことは嫌と伝える

楽しみにしている動画を、今週末に見ようと思っていたら「昨日の見た？」と話しかけられた。慌てて、「まだ見てないから私には話さないで〜」と離れた。危うくネタバレされるところだった。

　何度も同じことをされないためにも、嫌なこと、してほしくないこと、許せないことを明確に伝えましょう。

　「やめて！」と言ったところで、やめてくれないかもしれません。一度は中断されても、具体的に何をやめてほしいのかが伝わらないのです。

　どこまでがまあ許せて、どこからが許せないのかが相手に伝わっていなければ、相手は知らずに何度も許せないところへ踏み込んできてしまいます。

　嫌なこと、してほしくないことは、「○○してほしくない／しないでほしい」と具体的に伝えましょう。

WORK ① ケースから考えよう

88 ページのように、あなたがネタバレされそうなとき「してほしくない」と思うことを相手に伝えるときのセリフで書きましょう。

WORK ② してほしくないことを伝えよう

87 ページのワーク❶に書いたことを見ながら、あなたが「許せない」「してほしくない」「嫌だ」と思うことを相手に伝えるときのセリフで書いてみよう。

 第 5 章の NG な伝え方になっていないか確認しよう。
「〜してほしくない／〜しないでほしい」ということは書けたかな？

POINT!

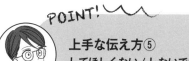

上手な伝え方⑤
してほしくない / しないでほしいことを伝える。

37 | どうしてほしいかを伝える

友達のSNSに、私が半目になってる写真が上がってる！「やだ！　すぐ消して〜スタンプで顔隠したのにアップし直してよ〜次からはアップ前に確認させてよね」と次からの予防策も伝えておいた。

　怒ることは自分のリクエストを伝えることです。不満や愚痴を言うことではありません。してほしくないことを言うのと同時に、どうしてほしいかも伝えましょう。

　されたことをなかったことにはできませんが、次に同じようなことがあったときにはどうしてほしいかを伝えます。

　何が許せないかを伝えるだけでなく、

　・せめてどうしてほしいのか

　・理想は（欲を言えば）どうしてほしいのか

を伝えることで、こちらの怒りの境界線をより明確に伝えられます。

WORK
❶ どうしてほしいか考える

不満を伝えた後、友達がどうしてくれたらいいと思いますか？　3段階に分けて考えてみましょう。

理想の状態	
まあ許せる	
許せない	

【友達がとった行動】

①消してと言っても消さない
②スタンプで顔をすべて　隠してもらう
③アップ前に確認する
④タグやメンションを付ける
⑤スタンプで目だけ隠す
⑥指摘したら消す
⑦鍵アカウントにする
⑧公開アカウントにする
⑨共通の知人が見られる状態
⑩好きな人が見られる状態

 ①～⑩があてはまらない場合は、枠内に具体的に自分の考えを書きましょう。

WORK
❷ 伝える言葉を決める

ワーク❶を参考に、してほしいことを相手に伝えるときのセリフを書いてみましょう。

理想を言えば　「　　　　　　　　　　　　　　　」してほしい。

せめて　　　　「　　　　　　　　　　　　　　　」して。

POINT!

上手な伝え方⑥
してほしいことを伝える。

38 | 自分を主語にして 気持ちを伝える

放課後、さあ部活に行こうと思ったら、日直のＡさんに突然「急いでいるから、代わって！」と言われた。「急に言われても私も部活があるから困る。代わってほしいなら昼休みまでに言って」と返事をした。

　相手に、次からの行動のリクエストを伝えるときに、自分の気持ちを伝えてはいけない、ということではありません。リクエストと一緒に自分の気持ちも伝えるときには、「私（Ｉ）」を主語にして伝えましょう。

　「あなたのせいで〜」と（You）を主語にすると、相手は責められているように感じます。「私は〜と思った／感じた」と（Ｉ）を主語にして伝えることで、相手に伝わりやすくなります。

　怒ることの目的はあくまでリクエスト。気持ちがわかってもらえても、リクエストを言わなければ「こうしてほしい」が伝わりません。気持ちを前面に出しすぎないように、注意しましょう。

WORK
① 自分の怒りを整理しよう

最近 怒ったこと	
そのときの あなたの 気持ち	「　　　　　　　　　　　　　　　　　　　」気持ち。 「　　　　　　　　　　　　　　　　　　　」気持ち。
相手への リクエスト	理想は「　　　　　　　　　　　　」してほしい。 せめて「　　　　　　　　　　　　」してほしい。

 そのときのあなたの気持ちは29ページのマイナスな感情を参考にしながら書いてみましょう。

WORK
② 自分の言葉で伝えよう

　ワーク❶をもとに、あなたのリクエストと気持ちを相手に伝えるときのセリフを書いてみましょう。

私は「　　　　　　　　　　　　　　」されて

「　　　　　　　　　　　　　　」（と思った / 気持ちになった）。

次からは私は「　　　　　　　　　　　　」（してほしい / しないでほしい）。

 リクエストは第5章のNGな伝え方を参考に具体的に書いてみましょう。

POINT!

上手な伝え方⑦
「私は〜と思った」と、
自分を主語にして伝える。

怒られること・傷つくことが怖いあなたへ

怒られることが嫌い、怖い、苦手だと感じる人は大勢います。しかし、自分自身がどれだけアンガーマネジメントを身につけても、怒られる機会をゼロにすることは限りなく困難です。学生生活が終わって、社会に出てからも上司や先輩、取引先、家族、ときには知らない人に怒られることもあります。

怒られることが苦手と感じる理由はなんでしょうか。

「自分が否定されたように感じる、だから怒られるのは嫌」と話してくれた学生がいました。

怒られるというのは決してあなたの存在の否定ではありません。人格の否定ではなく、未来へのリクエストです。

あなたに伸びしろがあり、期待し、あなたのことを思うからこそ、その人はリクエストを伝えているのです。怒られることを過剰にネガティブにとらえる必要はありません。「怒り以外の表現で伝えれば」という意見もありますが、ここまで見てきたように怒ることは悪いことではありませんし、怒られて初めて気がつくこともあります。

怒られることは悪いことばかりではありません。

ただ、中には上手に自分の怒りを伝えられない人もいます。

すべての人がアンガーマネジメントができるわけでも、上手に怒ることができるわけでもありません。もし、NGな怒り方をしている人がいたときには、その人の怒り方を観察してみてください。そして、次に自分が怒りを伝えるときに、上手な怒り方ができるように糧にしてください。

アンガーマネジメントができる人は、相手の価値観を理解し、尊重できる人です。

自分とは違う考え方を認められるようになれば、「まあいいか」と許せることが増え、怒りにくくなります。

それだけでなく、自分とは違う考え方を尊重できる人は、誰かから怒られたときに、「あなたはそういう考えなのね」と怒っている人の考え方が理解できるため、怒られ強くなります。

アンガーマネジメントができるようになると、自分と人との価値観の違いを認められるようになります。価値観の違いが理解できれば、怒られたときに人格否定と感じるのではなく、素直にリクエストを受け取ることができるようになります。

怒られることは「悪」ではありません。ときに激励・叱咤の意味で怒られることは、未来のあなたに向けられたエールでもあるのです。

おわりに

　ここまで読んでくださったあなたは、怒りの感情や自分も周りも傷つけない上手な伝え方について理解が深まったでしょうか。

　取り組みたいと思った怒りのコントロール方法や伝え方はありましたか。

　この本でご紹介した方法の中には、怒りに温度をつけることのようにすぐに取り組める方法もあれば、「まあ許せる」を広げるヒントのように長い時間をかけてじっくり考える方法もありました。ぜひ、一通り試して、自分の取り組みやすいことや課題に感じていることから実践してください。

　怒りを伝えることは難しく、怒りを伝えずに、すねたり、諦めたり、誰かのせいにすることは簡単と考えていた人もいるかもしれません。しかしそれでは何も変わりません。言えない自分にモヤモヤが残ったり、ため込んだ怒りがいつか大爆発するかもしれません。変わらないことでイライラしているならば、何か一つだけ、少しだけ、これまでの怒り方を変えてみませんか。

　ガマンせずに、誰も傷つけずに自分も相手も大切にしながら上手に伝えられたら、より良い関係を築くことができます。

　怒りと上手に付き合うことができれば、自分自身のパワーに変えることができます。現状を打破したり、目標達成のためのエネルギーにするだけでなく、周囲と一緒に高いハードルを乗り越えることにもつながります。

　自分の感情に自分で責任を持つというと、とても重大なことのように感じるかもしれません。しかしこれは言い換えれば全部自分で決めていいということです。誰かの機嫌や誰かの行動が変わってくれることをただ指をくわえて待つのではなく、自分で決められるということは幸せなことです。

　何について怒ると決めるかも、相手に伝えるかどうかも、どんな言葉やシチュエーションで伝えるかも、自分で決めていいのです。周囲の人の手を借りるかもあなたが決めていいのです。誰に話すかも、何をどこまで話すかもあなたが選択できます。

　今がよければよいではなく、長い目で見たときに自分も周りの人も心身ともに健康な選択をしていきましょう。

　最初は少し勇気がいるかもしれません。しかし誰かの顔色をうかがうのではな

く、自分で決めて小さな一歩を踏み出してください。その一歩があなたの素晴らしい未来につながっています。

　社会に出れば、学生の頃以上に様々な考え方や背景の人と出会います。ときには自分と違う価値観の人にイラっとすることもあるでしょう。慣れないことを警戒したり、イラっとすることは変なことでも悪いことでもありません。まずは自分の中にある怒りの感情を認めて、上手に付き合えるように対処していきましょう。

　アンガーマネジメントのテクニックを実践することで「まあ許せる」が広がれば、互いの価値観を尊重し、受け入れることができます。違った考え方や価値観を持つ人々が集まれば、新たなアイデアを生み出したり、世の中を変えていくことにもつながります。

　自分と違う事情や背景がある人と関わることで、他者の価値観や新しい考え方を得るヒントになります。リアルの世界でも、インターネットの世界でも構いません。広い世界に出て、違いを楽しんでください。

　そして、誰かとかかわる中で怒りを感じたときには、怒るときの３つのルールを守ったうえで上手な伝え方を選択してください。

　ではこの本を読んでくださったあなたに最後の質問です。

・あなたの思う、怒りを上手に伝えている人は誰でしょうか。
・その人に近づくために何から始めてみますか。

　理想の怒り方は人によって様々です。理想とする人の怒っているときの口癖や態度、声のトーンなどを具体的に思い出して、すぐにできることから真似てみましょう。上手な怒りの伝え方のポイントを学んだうえで、あなた自身の目指す理想の怒りの伝え方を目指していってください。

　あなたのこれからの人生が、怒りで後悔しない素晴らしい毎日になることを応援しています。

保護者、子どもに関わる大人のみなさまへ

「先生、怒ってることって言ってもええんやね。今度言ってみるわ。ちょっと言うの勇気いるけど」

とある学校でアンガーマネジメントの授業をした後、授業を受けた生徒がこう言ってくださったとき、私は思わず涙が出そうになりました。彼が怒りについて正しく理解し、自分自身で相手に伝えるということを決め、一歩を踏み出そうと決心し、その覚悟を伝えてくれたことに胸を打たれたからです。

アンガーマネジメントは1970年代にアメリカで生まれた、怒りの感情と上手に付き合うための心理教育や心理トレーニングと言われています。アメリカではアンガーマネジメントを小さいうちから学び、自分の感情のコントロールをするスキルを身に付けて大人になります。また、軽犯罪を犯した人に裁判所からアンガーマネジメントの受講命令が出ることもあり、アンガーマネジメントは広く知られています。

日本でも数年前から一部の中学道徳の教科書にアンガーマネジメントが掲載されるようになり、社会に出る前に自分の感情コントロールの方法を知る機会が増えてきました。

思春期を迎えた子どもたちは、心と体の成長のバランスが取れず、不安定な時期です。

アンビバレント（両価性）と言われるように、甘えたいけれど甘えられない、親に頼りたい気持ちと自立したい気持ちなど自分の中に相反する気持ちを抱えています。自分の気持ちが移ろいやすいことは不安やストレスとなり、怒りに繋がります。

思春期は成長において必要な過程でもありますが、自分自身や周囲に対して怒りを抱きやすい時期でもあります。学校と言う小さな社会の中で、仲間から受ける同調圧力（ピアプレッシャー）を強く受け、友人と違うことを言ったらおかしいと思われるのではないか、否定されるのではないか、仲間外れになるのではないか、空気読まないと…そういった恐怖から、自分の中の怒りの感情を認められ

なかったり、見て見ぬふりをして押し殺し、自分自身の考えや感情を口に出すことは悪いことだという思い込みに至る場合もあります。

　葛藤する中で怒りの感情を上手に表現できないと、怒りに振り回されてしまい、何かに当たり散らしたり、自分や周りの友人を傷つけたり、心にもないことを言ってしまい子どもたち自身が悲しみます。孤立を招くだけでなく、本当はできることを諦めてしまい、可能性を閉ざしてしまいます。怒りを感じたときに責任転嫁をしたり、何かに八つ当たりして気を紛らわせることは一見簡単に見えますが、長い目で見てよい選択とは言えませんし、解決もしません。

　アンガーマネジメントを身につけることで、怒りのデメリットを減らし、メリットを活かせるようになります。
　怒りの感情は、決して悪いものではありません。怒りの感情と上手に付き合うことができれば、後悔を減らすだけでなく、悔しさをバネに何かに打ち込んだり、未来を変えるための大きなエネルギーにすることもできます。
　誰かに責任転嫁するのではなく、自分自身で決めた道を自分で責任を持って歩けるようになる。そして自分の力が及ばないことについては、誰かと共に歩みを進める選択ができるようになります。そのためにも怒りと上手に付き合い、人を傷つけず、自分を傷つけず、ものを壊さずに表現する事が必要です。
　嫌なことをただガマンするのではなく、自分の欲求だけを誰かに押し付けるのではなく、他者と良い関係を築きながら社会生活を営む一員になるために、アンガーマネジメントは欠かせません。

　子どもたちを周囲で見守る保護者や指導者のみなさまは、ぜひ子どもたちが試行錯誤している一面だけをとらえて判断するのではなく、思春期特有の状況を理解した上で、成長を見守ってください。
　アンガーマネジメントは心理トレーニングですので、理論を学び、実践を繰り返すことで上達していきます。車の運転に例えるならば、本書を読み終えた段階

は学科の教本を読み終わった状態です。誰もがすぐに上手な運転ができるわけではありません。これから繰り返し運転することで、徐々に体に定着していきます。プロのレーシングドライバーになれる人は一握りですが、多くの人が街中を運転できるようになります。

　運転と同じように、ときにうまくいかないこともあるかもしれませんが、たった1度失敗しただけで意味がない、努力していないなどと考えたり、子どもたちにレッテルを貼らないでください。どんなに運転が上手な人もときには車を擦ることもあるでしょう。後悔しないように次どうすればいいだろうと考えれば良いだけです。感情のコントロールも長い目で変化を見てください。

　本書は思春期を迎えた中高生がアンガーマネジメントを学ぶために書かれたものです。しかし、子どもたちがアンガーマネジメントを覚えたとしても、周囲の大人が怒りに振り回されては、子どもたちに対してアンガーマネジメントを教えることはできません。

　子どもたちは周囲の大人が怒る様子を見て怒りの表現を覚えます。ぜひ保護者や指導者のみなさまにも、子どもたちと一緒にアンガーマネジメントを実践していただき、共に怒りの上手な伝え方を身に付けて頂ければ嬉しいです。自分の感情を適切に表現できる人が増えれば、八つ当たりや必要以上に強く怒ることで誰かを傷つけることはなくなります。

　子どもたちが大人になったときに、自分の感情や伝え方を自分で選択できる人が増え、お互いの価値観の違いを受け入れられる人が増えれば、より良い社会が作れると信じています。

おすすめの本

◆小学校〜　教員向け

① 『ピンチを解決！　10歳からのライフスキル4
　　怒りをコントロールする〈アンガーマネジメント〉』安藤俊介、合同出版（2019）

② 『イラスト版　子どものアンガーマネジメント』篠真希・長縄史子、合同出版（2015）

③ 『ママも子どももイライラしない
　　親子でできるアンガーマネジメント』小尻美奈、翔泳社（2020）

◆大人向けの中で読みやすいもの

① 『アンガーマネジメントトレーニングブック 2023年版』
　　日本アンガーマネジメント協会監修、ミネルヴァ書房（2022）

② 『なぜ私は怒れないのだろう』安藤俊介、産業編集センター（2021）

③ 『もう怒りで失敗しない！　アンガーマネジメント見るだけノート』
　　安藤俊介、宝島社（2021）

④ 『あなたのまわりの怒っている人図鑑』安藤俊介、飛鳥新社（2020）

⑤ 『アンガーマネジメント』戸田久実、日本経済新聞出版（2020）

⑥ 『[図解] アンガーマネジメント超入門 怒りが消える心のトレーニング』
　　安藤俊介、ディスカヴァー・トゥエンティワン（2021）

⑦ 『○×まんがでスッキリわかる　もう怒らない本』
　　安藤俊介、橋本くらら（漫画）、ディスカヴァー・トゥエンティワン（2017）

⑧ 『タイプ別 怒れない私のためのきちんと怒る練習帳』
　　安藤俊介、CCC メディアハウス（2022）

⑨ 『「あとから怒りがわいてくる人」のための処方箋』戸田久実、新星出版社（2021）

⑩ 『怒りの扱い方大全』戸田久実、日本経済新聞出版（2021）

アンガーマネジメントティーン講座

　一般社団法人日本アンガーマネジメント協会では、協会から認定を受けたアンガーマネジメントティーンインストラクター® が全国各地でアンガーマネジメントティーン講座を開催しています。

　アンガーマネジメントティーン講座ではカードゲームを使用しながら、子供たち自身が自分がどのようなときにどれくらいイライラするかを理解するだけでなく、他者との怒りの感じ方の違いを知り、ゲームを通じて怒りと上手に付き合うためのヒントを学んでいきます。

　やり場のない怒りを周りに当たり散らしたり、感情を閉じこめてしまいがちな思春期の子供たち。ゲームを通じて自分の怒りの感情に気づいたり、今までとは違うものの見方・考え方ができるようになったり、自分と他人の価値観の違いに触れることにより、子供同士の相互理解が図れるようになります。

　怒りをコントロールするスキルを身につけて、健全な社交性と建設的な解決方法を身につけられると、将来の選択肢が広がっていくでしょう。

　個人が怒りをコントロールするスキルを身に着け適切に表現できるようになるだけでなく、入学時のレクリエーション、人権や道徳の授業の一部として、部活やチームスポーツでのチームビルディングの一環としてなど様々な場面で活用されています。

　指定のカードゲーム「アンガーマネジメントゲーム for teen」は市販されておらず、協会から認定を受けたアンガーマネジメントティーンインストラクター® のみが使用できます。

　導入をご検討の際は、お近くのアンガーマネジメントティーンインストラクターにご相談ください。

写真：アンガーマネジメントゲーム for teen
（日本アンガーマネジメント協会 web サイトより）

【著者紹介】

松井晴香（まつい・はるか）

日本アンガーマネジメント協会認定アンガーマネジメントコンサルタント。出産を機に退職後、アンガーマネジメントコンサルタントとなる。現在は教員研修・保護者向け講演会で小中高等学校の生徒たちにアンガーマネジメントを伝えている。

【監修】
一般社団法人日本アンガーマネジメント協会
代表理事　安藤俊介

一般社団法人日本アンガーマネジメント協会
〒 105-0014 東京都港区芝 1-5-9 住友不動産芝ビル 2 号館 4F
E メール：info@angermanagement.co.jp
URL：https://www.angermanagement.co.jp/

【協会概要】
一般社団法人日本アンガーマネジメント協会は、ニューヨークに本部を置くナショナルアンガーマネジメント協会の日本支部です。各地の幼少中高大学でアンガーマネジメントの授業をする他、教職員や保護者にむけてアンガーマネジメントの普及を進めています。また、全国で講演、企業研修などを行い、年間 3000 回以上の講座、講演、セミナーを行い、150 万人以上（2021 年実績）の方がアンガーマネジメントのプログラムを受講しています。

＊アンガーマネジメントキッズインストラクター ® 、アンガーマネジメントティーンインストラクター ® は子どもに感情理解教育をするアンガーマネジメントのインストラクターです。ご自身の子育てに役立てたい方、親子間のアンガーマネジメントに取り組みたい方、ライフワークとして子どもにアンガーマネジメントを教えたい方などが全国で受講・認定を受け、活躍しています。

＊日本アンガーマネジメント協会、アンガーマネジメントファシリテーター ® 、アンガーマネジメントキッズインストラクター ® 、アンガーマネジメントティーンインストラクター ® は日本アンガーマネジメント協会の登録商標です。

イラスト　みぬい
組版　Shima.
装幀・本文デザイン　後藤葉子

13歳からのアンガーマネジメント
ガマンしない・傷つけない 上手な気持ちの伝え方

2023年4月30日　　第1刷発行
2024年1月25日　　第2刷発行

著　　　者　　松井晴香
監　修　者　　一般社団法人日本アンガーマネジメント協会
発　行　者　　坂上美樹
発　行　所　　合同出版株式会社

　　　　　　　東京都小金井市関野町 1-6-10
　　　　　　　郵便番号　184-0001
　　　　　　　電話　042（401）2930
　　　　　　　FAX　042（401）2931
　　　　　　　振替　00180-9-65422
　　　　　　　ホームページ　https://www.godo-shuppan.co.jp/

印刷・製本　　株式会社シナノ

■刊行図書リストを無料進呈いたします。
■落丁・乱丁の際はお取り換えいたします。

イラスト版 子どもの
アンガーマネジメント
怒りをコントロールする43のスキル

篠 真希・長縄史子 [著]
一般社団法人 日本アンガーマネジメント協会 [監修]

- -

学校や友だち同士でよくある、ついイラっとしてしまう場面。
ワークを使って自分の怒りをコントロールする練習をしよう！
すぐに使えるワークが満載！
怒りチェックシートや、アンガーマネジメントクイズつき。

- -

●B5判／並製／112ページ　定価＝本体1,700円＋税

合同出版